PROGRAMMES

DES PRIX ACCORDÉS

PAR L'ADMINISTRATION PROVINCIALE

DU BERRI,

En vertu des Délibérations de son Assemblée
de 1783.

A PARIS,

Chez P. G. SIMON, & N. H. NYON, Imprimeurs
du Parlement, *rue Mignon.*

M. DCC. LXXXIV.

PROGRAMMES
DES PRIX ACCORDÉS
PAR L'ADMINISTRATION PROVINCIALE
DU BERRI.

L'ADMINISTRATION Provinciale du Berri, ayant considéré que *l'état de langueur où est, depuis si long-tems, la Généralité confiée à ses soins, malgré ses moyens naturels de prospérité*, loin d'effrayer son zèle, devoit l'encourager par la *perspective du bien à faire*, a cru ne devoir négliger aucun des moyens capables de seconder les vues bienfaisantes de Sa Majesté; elle a pensé que si les Sociétés savantes pouvoient être utiles, en fixant les regards des Citoyens zélés sur des objets importans pour le bonheur des Peuples, le soin de réunir le plus de lumieres possibles à cet égard, étoit pour une Assemblée *revêtue* par le Souverain envers eux, d'un *esprit de tutelle & de bienfaisance*, le moyen le plus sûr de se rendre digne de cette confiance honorable dont elle n'usera jamais que pour remplir les devoirs sacrés qu'elle lui impose.

En conséquence, dans sa tenue de 1783, elle a résolu d'accorder plusieurs Prix, aux meilleurs Mémoires qui lui feroient adreffés fur des queftions intéreffantes pour le bien de la Province.

FRAPPÉE des frais énormes qu'entraînent les récoltes, la rareté des Ouvriers, les querelles entre les Propriétaires & les Journaliers, l'imperfection des inftrumens employés pour les moiffons, qui concourent à diminuer les produits de la culture, elle a regardé ces frais comme un des vices, ou au moins, comme un des malheurs qui exigeoit un prompt remede, & elle en a fait l'objet du *premier Prix*.

L'EMPLOI de fes matières premieres lui a paru intéreffant, & elle n'a pu s'empêcher de regretter l'ancienne fplendeur de la fabrication & du commerce de la Bonneterie à Bourges; & a regardé comme un devoir impofé à fa vigilance de rechercher les caufes de leur dépériffement, & les moyens d'y remédier: elle a cru utile, en même tems, de s'occuper auffi en général, des vues propres à l'emploi de fes laines, & ces objets forment la matiere du *fecond Prix*.

ENFIN, confidérant la difproportion qui exifte entre l'étendue de fon territoire & le nombre des habitans qui le couvrent, elle a fenti que l'augmentation des bras feroit également utile à la perfection de fa culture & à l'activité de fon induftrie & de fon commerce, & elle s'eft déterminée à accorder un *troifieme Prix* fur cet objet.

PROGRAMME
DU PREMIER PRIX.

QUESTION GÉNÉRALE.

Quels sont les moyens les plus propres a diminuer en Berri les frais de la moisson ?

QUESTIONS DÉTAILLÉES.

I.ere *A-t-on assez de bras en Berri pour la moisson ?*
II.e *Comment pourroit-on s'en procurer ?*
III.e *Comment pourroit-on assurer aux Journaliers un juste salaire, sans néanmoins qu'ils puissent rançonner le Cultivateur, en raison de leur rareté ?*
IV.e *Ne pourroit-on pas substituer à la faucille la faulx connue en Flandres & en Allemagne ?*
V.e *Pourroit-on la perfectionner de maniere qu'elle n'égrainât pas les bleds ?*

AVERTISSEMENS.

Si l'on ne compte en Berri qu'autant de bras pour la moisson, qu'il y a de Journaliers, la premiere question est décidée par l'expérience, puisqu'on employe beaucoup d'étrangers. Elle ne l'est pas si on suppose que les Artisans des Campagnes & petites Villes puissent être engagés ou *Sur la 1.ere & 2.e questions.*

obligés à se prêter aux travaux de la moisson, & moins encore, s'il est possible, d'obtenir des femmes & filles de campagne qu'elles y travaillent comme elles le font dans beaucoup de Pays. Y auroit-il moyen d'introduire ces deux nouveautés ?

<small>Sur la 3.e question.</small> Seroit-il possible de régler un prix des journées pour le tems de la moisson, de maniere qu'il fût proportionné & au prix courant des grains & aux besoins des Journaliers, qui, étant désœuvrés pendant une partie de l'année, seroient trop malheureux si le tems de la moisson n'étoit pas aussi pour eux un tems de récolte ?

Dans le Pays de Caux, les Fermiers donnent la huitieme gerbe du cent des bleds sciés, & la quatrieme des bleds fauchés, à des Moissonneurs affidés, avec qui ils ont un marché pour un tems indéterminé ; on appelle couple chacun de ces Moissonneurs, qui sont vraiment des Entrepreneurs, car ils sont obligés de se faire aider par une ou même deux personnes, si le Fermier l'exige ; en sorte que celui qui a dix couples, peut avoir, à sa volonté, dix, vingt ou trente Moissonneurs. Communément c'est la femme du chef de couple qui est son second, & s'il a une fille en âge de l'aider, elle est son troisieme. Quelques Journaliers s'engagent pour deux couples. Outre que ces couples sont tenus de couper, lier, charger, engranger les bleds ; ils doivent encore, tous les printems, l'échardonnement gratuit de tous les bleds du Fermier, six journées d'homme à volonté de celui-ci, & quatre journées de femme à la Fermiere. Les Propriétaires se plaignent que cette méthode dégarnit leurs fermes de paille ; on dit aussi qu'elle fait languir la moisson, & il arrive de plus que le bled en nature qu'elle procure aux Journaliers eſt, pour pluſieurs, une occaſion de pareſſe auſſi long-tems qu'il dure ; mais elle a des avantages qu'il feroit bon de peſer, celui, entr'autres, d'employer des Journaliers du lieu. Ceux qui connoîtront d'autres méthodes ſont priés de les décrire.

La faulx dont on ſe ſert dans les Pays-Bas, & dans preſque tout le nord, eſt une faulx ordinaire, garnie d'une eſpece de treillis de bois leger qu'on appelle trébuchet dans quelques parties du Berri où l'on s'en ſert pour faucher les menus grains. Le moyen qu'on a imaginé pour empêcher les gros bleds de s'égrainer, en tombant de trop haut, conſiſte en ce que le Faucheur a le bled ſur pied à ſa gauche, enſorte qu'il renverſe ſeulement le bled qu'il coupe contre celui qui eſt encore debout. Une femme le ſuit, prend le bled renverſé dans ſon bras gauche, le renverſe ſur ſon bras droit, & le range en javelles à ſa droite. *Sur la 4.e & 5.e queſtions.*

C'eſt à perfectionner le trébuchet qu'il faudroit ſur-tout s'attacher.

On ſe ſert encore, dans le Hainault, de deux autres inſtrumens pour couper les avoines. Le premier eſt une faucille à manche ordinaire, mais dont la lame eſt très-longue & a une double courbure ; car, outre la courbure ordinaire, elle en a encore une autre qui en releve la pointe. L'autre inſtrument eſt une fourche dont le manche peut avoir environ trois pieds, & dont les fourchons ſont courts. Avec la fourche, le Moiſſonneur aſſujettit une poignée d'avoine, & avec la faucille il la coupe le plus près de terre qu'il eſt poſſible, ſans preſque ſe baiſſer. L'avantage de cette méthode n'eſt pas d'être expéditive, mais bien de ne pas perdre de paille ; & comme on ſeme très-ordinairement du treffle avec l'avoine, elle a encore cet avantage de ne laisser qu'un chaume très-court, qui n'empêche pas le bétail de paître le treffle, comme l'empêchent des chaumes plus longs, aussi long-tems qu'ils ne sont pas pourris.

On fournit ces considérations afin de mettre ceux qui voudront concourir pour ce Prix, à même de faire des essais ; car, en même-tems que l'Administration Provinciale desire des raisonnemens propres à établir une bonne théorie, elle verra aussi avec plaisir le compte qu'on voudra bien lui rendre d'expériences bien faites, & donnera même la préférence à l'Auteur du Mémoire, qui, en l'éclairant sur la théorie, lui détaillera des essais heureux d'une bonne pratique.

PROGRAMME
DU SECOND PRIX.

QUELS SONT LES MEILLEURS MOYENS DE RANIMER, A BOURGES ET EN BERRI, LA FABRICATION ET LE COMMERCE DE LA BONNETERIE, ET DE FAVORISER DANS LA GÉNÉRALITÉ L'EMPLOI DES LAINES, UNE DE SES MATIERES PREMIERES LES PLUS PRÉCIEUSES?

Les Auteurs qui concourront au prix voudront bien s'occuper d'examiner les caufes auxquelles on doit attribuer le dépériffement de la fabrication & du commerce de la Bonneterie, & les remedes qu'on peut y apporter, foit en donnant des métiers, faifant des avances, affurant le débit, accordant des gratifications. Ils pourront auffi rechercher les autres objets auxquels on peut employer les laines (outre les Draps & les Ratines *), & les moyens les plus propres, fur-tout, à y faire des étoffes non fabriquées actuellement dans la Province, & encore plus non fabriquées dans le Royaume.

---

* Les Manufactures de la Province, & entr'autres celles de Château-Roux, fe perfectionnent tous les jours; les foins que le Gouvernement & l'Adminiftration Provinciale donnent à l'amélioration des Laines du Berri n'y laifferont, dans peu de tems, rien à defirer.

PROGRAMME
DU TROISIEME PRIX.

QUEL EST LE MOYEN LE PLUS PROPRE A FAVORISER ET AUGMENTER LA POPULATION EN BERRI?

L'Assemblée Provinciale de 1783, en proposant ce prix, a eu pour but de chercher les moyens de procurer au Berri un nombre de bras proportionné à l'étendue de son sol, à la perfection désirable de sa culture, à l'emploi utile de ses matieres premieres.

En conséquence, les Auteurs qui concourront sont invités à s'attacher à examiner les points suivans :

1°. *Est-il avantageux d'appeller en Berri des bras étrangers ?*

2°. *N'est-il pas plus utile de s'occuper de procurer à ses Habitans, & sur-tout à ceux des campagnes, une aisance capable de les empêcher de redouter le poids d'une famille nombreuse ?*

3°. *Quels sont les moyens qu'une administration sage peut proposer à un gouvernement bienfaisant ?*

L'Administration Provinciale pense que les Auteurs qui concourront pour ce prix doivent

1°. S'occuper des moyens les plus faciles d'opérer l'aisance par l'amélioration de la Province, en augmentant en mêmetems le bien-être des Propriétaires Cultivateurs, des Cultivateurs exploitans d'une maniere utile, & des Journaliers & Artisans ;

2°. Examiner, dans l'état actuel des Provinces du Royaume les plus peuplées, & où l'industrie est la plus active, les causes de leur population & de leur activité, & chercher à appliquer avec discernement au Berri les moyens qui ont contribué à leur prospérité, & qu'il est plus facile d'employer avec succès dans cette Généralité.

Les Prix, qui consistent chacun dans une médaille d'or de la valeur de 600 livres, seront accordés par l'*Assemblée Provinciale* de 1785, après l'examen qu'elle aura fait de tous les Mémoires.

En conséquence, les Mémoires cachetés, sans noms d'Auteurs, seront adressés, francs de port, avant le 1er Avril de la même année 1785, à la *Commission Intermédiaire*, à Bourges.

Des billets cachetés, séparés, contiendront les mêmes Epigraphes que les Mémoires, & les noms des Auteurs.

Lesdits billets ne seront décachetés qu'après que les Mémoires qui auront remporté les Prix auront été couronnés ; & les Auteurs qui se seroient fait connoître en seroient exclus.

www.ingramcontent.com/pod-product-compliance
Lightning Source LLC
Chambersburg PA
CBHW061627040426
42450CB00010B/2700